VICTOR DE LAPRADE A AIX

LECTURE FAITE A LA SÉANCE PUBLIQUE

DE

L'ACADÉMIE DES SCIENCES, AGRICULTURE

ARTS ET BELLES-LETTRES D'AIX

Le 22 Juin 1897

PAR

E. DE MOUGINS-ROQUEFORT

CONSEILLER HONORAIRE A LA COUR D'AIX

GRASSE
IMPRIMERIE CROSNIER FILS
20, Rue du Cours, 20
1897

SÉANCE PUBLIQUE

Le programme des lectures qui ont été faites dans la Séance Publique du 22 Juin 1897, à l'Académie des Sciences, Agriculture, Arts et Belles-Lettres d'Aix, était le suivant :

1° Discours d'ouverture, *Un Artiste Provençal*, par M. JULES DE MAGALLON, président de l'Académie.

2° *De la Société Provençale à la fin du Moyen-Age*, par M. CHARLES DE RIBBE.

3° *Victor de Laprade à Aix*, par M. E. DE MOUGINS-ROQUEFORT.

4° *Rapport sur les prix de vertu Rambot et Reynier*, par M. A. DE BEC.

VICTOR DE LAPRADE A AIX

On annonce que Victor de Laprade va avoir sa statue, au milieu de cette excellente population lyonnaise, parmi laquelle il vécut aimé et estimé, et où sa mort excita, en décembre 1883, d'universels regrets. La vieille église de l'Abbaye d'Ainay y garde le souvenir de ses émouvantes funérailles, et de la cérémonie religieuse présidée par Monseigneur Perraud, son collègue de l'Institut, qui rendit hommage, à la fois, au poète et au chrétien. (1)

Le penseur austère, de science sérieuse et de fière indépendance, qui fut un professeur éminent à la Faculté des Lettres de Lyon ; le poète au cœur élevé à qui Chateaubriand disait : « Monsieur, je sais par cœur votre *Branche fleurie* », et dont Lamartine saluait l'élection à l'Académie Française avec ce beau titre d'*Orphée chrétien* ; l'auteur de tant d'œuvres attachantes, parmi lesquelles *Psyché*, *Les Poèmes Évangéliques*, *Les Symphonies*, *Les Voix du Silence*, *Les Poèmes Civiques*, *Pernette*, *Le Livre d'un Père* ; le patriote enfin, de sage libéralisme, qui, en décembre 1870, au milieu des angoisses du pays envahi par l'étranger, savait relever les courages avec ses belles stances *A la France!*, et que les électeurs du Rhône, en février 1871, choisissaient pour leur Député à l'Assemblée Nationale... Victor de Laprade revivra, mieux que dans le bronze ou le marbre, par le seul prestige de son nom, avec sa belle et pensive figure d'homme de bien et de délicat lettré.

(1) Victor de Laprade, né à Montbrison (Loire), le 13 janvier 1812, mourut à Lyon le 13 décembre 1883. Ses funérailles eurent lieu le 17 à Lyon. Le corps fut transporté à Montbrison dans le tombeau de sa famille.

Déjà, en 1888, cinq ans après sa mort, s'élevait une première statue, à l'honneur de Victor de Laprade, dans le jardin public de Montbrison, sa ville natale ; et l'Académie Française déléguait F. Coppée, son successeur parmi les quarante, pour venir affirmer, dans cette fête du pays, « la fidèle admiration qu'elle gardait pour le noble et haut poète. »

Nous aimions à saluer, naguères, dans l'ancienne et paisible capitale du Forez, non loin de la belle et gothique Cathédrale de Notre-Dame d'Espérance qui domine le paysage, dans une rue qui s'appela longtemps rue de la *Commune*, et qui est aujourd'hui la rue de *Victor de Laprade*, l'humble maison où s'abrita l'enfance du poète, avec ses jolies fenêtres à meneaux et sa tourelle d'angle. Il a consacré à sa chère et primitive demeure des rimes touchantes :

> Enfants, je laisse un héritage
> Modeste, comme de raison.
> Mais, quand vous ferez le partage,
> Gardez cette vieille maison.
>
> Les beaux messieurs de grande ville
> Ne lui trouvent guères d'appas :
> Ma petite maison tranquille
> Amis ne la méprisez pas.

Dans ce pays de Forez, aux riants aspects, encadrés par de pittoresques montagnes et par ces rives de la Loire qui étaient, selon une tradition acceptée, la limite séparative entre notre *Langue d'Oc* et la *Langue d'Oil*, le touriste provençal retrouve avec charme bien des mots, bien des tours imagés, de sa langue maternelle.

Il y a un Forézien parmi nous, membre d'honneur de notre Académie ; c'est notre vénéré Archevêque, aussi aimé dans son pays qu'il l'est dans le nôtre. Au Palais de Justice de Montbrison, que je venais de visiter, un ouvrier, qui avait vu ma carte chez le concierge, me dit : « Vous êtes d'Aix, Monsieur ; vous avez là-bas un Evêque, Monseigneur Gouthe-Soulard. Il est de ma montagne, savez-vous. Il était Curé à Lyon, dans notre paroisse de population ouvrière, Saint-Pierre de Vaise. Oh ! nous l'aimions bien, allez, notre brave Curé. »

Personne ne pourrait attester ici, mieux que notre cher prélat, quel respect et quelle affection traditionnels, dans ce pays qui est le sien, entourent le nom et la famille de Victor de Laprade.

« Les aïeux de notre poète, dit un écrivain [1], habitaient, de temps immémorial, une maison de médiocre importance, au milieu des prés et des bois. Ils appartenaient à cette portion, trop peu nombreuse, des vieilles familles, qui sut résister aux séductions malsaines de Versailles, et demeurer, pauvre et fière, au fond de sa Province. Ils furent pendant plusieurs générations, Capitaines-Châtelains, une fonction à la fois judiciaire et militaire, au Bailliage de Chauffour, un des quatre grands Bailliages de Forez. »

Dans son poème des *Symphonies*, Victor de Laprade aime à évoquer le passé, avec les souvenirs de son enfance, dans le manoir familial.

> Cher pays de Forez, je te dois une offrande
> . . . .
> Le foyer et le champ, les récits de l'aïeul,
> Tout ce qui, pour le cœur, compose la patrie,
> Tous ces trésors que j'aime avec idolâtrie.
> Cher pays de Forez, je les tiens de toi seul.

Des publications pleines d'intérêt et très documentées ont vu le jour depuis la mort du poète. [2]

Tous ces écrits attestent un fait : l'attachement profond, je dirais volontiers le culte, de Victor de Laprade pour la Provence, et en particulier pour la ville d'Aix ; sentiment que lui-même a tenu à affirmer dans maintes de ses poésies.

C'est à Aix, pendant ses études de Droit, de 1832 à 1836, que sont écloses ses premières inspirations poétiques :

> Là, joyeux exilé, loin de mes cieux moroses,
> J'ai fait mon premier rêve, et dit mes premiers vers.

Au moment où, dans l'Académie de Lyon, dont il était membre, comme son père et son aïeul, et qui n'oublie pas son

---

[1] M. Heinrich, Doyen de la Faculté des Lettres à Lyon.

[2] *Victor de Laprade et ses Œuvres*, par Edmond Biré — *Notice sur Victor de Laprade*, par Heinrich, Doyen de la Faculté des Lettres de Lyon, 1884. — *La Vie et les Œuvres de Victor de Laprade*, par le chanoine Condamin, professeur à la Faculté Catholique de Lyon, 1886. — Discours de réception à l'Académie Française, de F. Coppée, en 1881.

discours de réception *Philosophie de la Poésie*, on s'apprête, sans doute, à parler de lui, ce nous est un devoir, à nous Aixois, de raviver aussi sa mémoire en cette ville, dont il aimait à dire :

> Sous un ciel lumineux comme celui d'Attique,
> Aix, la Cité latine, un nom doux à mon cœur.

Quand il y arriva, en 1832, il fut accueilli par des familles amies, celle de M. le Conseiller de Magnan, ancien condisciple de son père au Collège des Oratoriens de Tournon et celle de M. le Conseiller Guillibert.

Après avoir obtenu de la Faculté de Droit d'Aix son titre de Licencié, Victor de Laprade alla, sur le désir de son père, se faire inscrire au barreau de Lyon, et il travailla dans le cabinet d'un avocat estimé, M⁰ Genton. Il plaida quelquefois, mais sans enthousiasme. Il écrivit même, un jour, à un de ses amis, en lui faisant ses confidences découragées : Hier, j'ai plaidé au Conseil de Guerre où j'ai été stupide. Désigné par ses jeunes confrères du stage, pour prononcer le discours d'usage à la rentrée de la Conférence, il y traita ingénieusement des *Habitudes intellectuelles du Barreau*. Il fut très applaudi par ses camarades ; mais plus d'un avait compris, à certaines nuances, que ce discours était un adieu. Sa vocation était ailleurs qu'au Palais, et il rompit avec lui, sans regret.

En août 1848, Victor de Laprade revint à Aix, présenter deux thèses pour le Doctorat ès-Lettres : une, française, intitulée le *Sentiment de la nature dans la poésie d'Homère;* l'autre, latine, avec ce titre : la *Philosophie d'Hippocrate.* Ces épreuves eurent un plein succès. Elles avaient attiré, dans la grande salle de la Faculté, un public nombreux et choisi, qui s'expliquait par le bon renom du jeune lettré [1].

Il était, depuis quelques temps déjà, Chargé de Cours à la Faculté des Lettres de Lyon. Muni du titre de Docteur, il y fut nommé Professeur titulaire de Littérature française, le 20 décembre 1848, sous le ministère de M. de Falloux. Il occupa sa chaire avec éclat, pendant treize années. A la suite de l'apparition d'une satire de lui, les *Muses d'Etat*, dans le *Correspondant*, un Décret impérial du 14 décembre 1861 révoquait l'honorable et indépendant écrivain de sa fonction universitaire.

---

(1) Le 24 août 1848, un journal d'Aix, la *Provence*, publiait un compte-rendu très intéressant de cette séance. On y voit apparaître, parmi les professeurs, MM. Fortoul, doyen, Lafaye, Norbert Bonafous, noms restés chers et estimés en notre Provence. ·

La poésie agressive insérée au *Correspondant* avait dépassé les bornes de la prudence, l'auteur le reconnaissait plus tard. Elle était une réponse à Sainte-Beuve, qui avait fort malmené son confrère en poésie, dans un article du *Constitutionnel*. Et Sainte-Beuve était un favori des Tuileries.

Mais le Professeur de Lyon, dans sa chaire, était toujours resté absolument irréprochable : rien dans son enseignement, tous les écrivains l'ont reconnu, n'avait jamais donné prise au moindre reproche, même à celui d'une simple allusion aux polémiques du temps. Avant de provoquer la mesure brutale d'une destitution, le ministre de l'instruction publique, M. Rouland, n'avait même pas consulté le Doyen de la Faculté et le Recteur de l'Académie, les chefs immédiats de qui relevait le Professeur.

Aussi la révocation produisit-elle une fâcheuse impression partout, et en particulier dans le personnel de l'Enseignement, où ne manquèrent pas de se produire bien des commentaires sur le Décret par lequel, en 1852, l'Empereur avait enlevé leur inamovibilité aux Professeurs des Facultés.

De toute part, arrivaient à Victor de Laprade des témoignages de sympathie, non seulement de ses amis, mais encore d'inconnus. Nous en avons recueilli qui lui venaient d'Aix avec les plus honorables signatures.

Gambetta consigna, dans une *Adresse* d'une virile éloquence, à Victor de Laprade, les protestations de ses camarades, les étudiants de Paris. On racontait que, plus d'une fois, les jeunes gens abordaient Sainte-Beuve, au Jardin du Luxembourg, avec ces paroles railleuses : Pardon, Monsieur, c'est bien à M. Victor de Laprade que nous avons l'honneur de parler ?...

Les amis du Professeur se préoccupaient de sa position de chef d'une famille nombreuse, à qui la perte de son traitement imposait de pénibles privations.

Parmi ces amis, il faut savoir louer un honorable provençal, M. Emile Ollivier, qui estimait Victor de Laprade, et lui était affectionné.

Quand il eut formé, le 2 janvier 1870, le ministère qui inaugurait le régime de l'Empire libéral, Emile Ollivier voulut nommer Victor de Laprade, Recteur de l'Académie d'Aix. Le Chef de l'Etat, peu favorable, exigeait une adhésion écrite au régime. Victor de Laprade s'y refusa, tout en se montrant reconnaissant envers le ministre, pour son initiative si bien inspirée.

L'année suivante, Victor de Laprade était élu Député du Rhône à l'Assemblée Nationale.

Quand, trois ans après, sa santé l'obligea à se démettre de son mandat de Député, le ministre de l'instruction publique, M. de Fortou, lui fit conférer le titre de *Professeur honoraire à la Faculté des Lettres de Lyon ;* et il se trouva ainsi rattaché par un lien intime à un Corps recommandable, qui lui gardait les plus fidèles souvenirs d'estime. Un autre ministre, M. Wallon, fit ensuite accorder une indemnité annuelle de trois mille francs au Professeur dépouillé de son traitement, et resté presque sans autres ressources que celles de ses écrits. Peu de temps après, Madame de Laprade, en recueillant sa part de succession dans le patrimoine de M. de Parieu, son père, apportait l'aisance dans la famille ; et l'honorable pensionné se faisait un devoir d'écrire au nouveau ministre de l'instruction publique, M. Bardoux :

« Je suis désormais, pour mes enfants et pour moi, à l'abri du besoin. Veuillez, je vous prie, disposer des trois mille francs qui m'étaient alloués chaque année, en faveur d'un poète plus pauvre que moi. »

Après ces quelques détails, sur une phase importante de la vie de famille, qui méritaient de ne pas rester oubliés, ou même inconnus, revenons à Aix, et suivons-y, spectacle non sans charme, le mouvement de vie qui caractérisait alors notre Ecole de Droit.

Victor de Laprade avait retrouvé dans notre ville, à sa première venue en 1832, un camarade très affectionné, du collège de Lyon, Félix Guillibert. Celui-ci fut, pour lui, un guide éclairé ; sachant tempérer, avec une calme raison, à la fois les découragements, les ivresses d'idéal et d'enthousiasme de son camarade forézien ; ses rêves, alors partagés par tant d'autres, de je ne sais quelle démocratie religieuse, thème fort en vogue parmi les jeunes, avec ce cri de ralliement, *Dieu et la Liberté,* devenue la devise du comte de Montalembert et du journal l'*Avenir.* De beaux vers [1], pleins d'émotion, ont été consacrés par Victor de Laprade à cet ami précieux, Félix Guillibert, que tous les camarades de l'Ecole de Droit aimaient avec lui, et qui fut enlevé prématurément à la tendresse de sa famille et aux espérancees du Barreau, laissant autour de son nom les plus sympathiques regrets.

---

(1) Voir, dans les œuvres de Victor de Laprade, *le Livre d'un Père,* au mot *Pèlerinage,* page 225.

De jeunes Polonais, exilés de leur patrie en 1831, étaient venus, à cette époque, à Aix, comme dans d'autres villes de Facultés, à Grenoble, à Toulouse,..... se mêler à la vie des étudiants, qui les accueillirent avec les plus chaleureux témoignages.

Parmi ces exilés, appartenant tous à des familles honorables, se détachait un aimable et charmant esprit, qui était au moment de la proscription, à vingt ans, Directeur du journal la *Revue de Varsovie*, Constantin Gaszinski. Autour de lui se groupa bientôt un cénacle de camarades choisis, braves cœurs, faisant avec lui des vœux ardents pour la résurrection de la Pologne.

Victor de Laprade était de ce nombre, et il a rappelé, dans un de ses petits poèmes, cet heureux temps de sa jeunesse en notre ville. [1]

> Tous, ardents citoyens, tous rêveurs généreux,
> Fils du siècle, alliés aux fils des anciens preux,
> Dans une égale foi nous tenions embrassées
> La Liberté nouvelle et les gloires passées.
> Nous devisions sans fin d'idéal, d'avenir.
>
> . . . .
>
> Et nous avions, hélas ! un dangereux travers :
> Pauvres, sans nul souci, tous, nous faisions des vers.

Du reste, les amis n'épargnent pas les excursions joyeuses. Ils poussent un jour jusqu'au Saint-Pilon, au-dessus de la Sainte-Beaume. De là, ils adressent des adjurations, en strophes enflammées, aux souverains qui oublient Dieu, sur leurs trônes.

D'autrefois, la bande amicale, plus calme, s'épand sous le gai paysage qui entoure notre ville. Ecoutons encore notre poète :

> Tièdes vallons de l'Arc, aux bastides fleuries,
> Dans vos étroits sentiers, durant ces quatre hivers,
> Que vous avez ouï de folles causeries !
> Que vous avez caché, bercé de rêveries !
>
> . . . .
>
> Puis, dès que les hauts lieux tentaient mon cœur malade,
> Que de fois. dans la nuit fuyant tout camarade,
> A travers champs, après la halte au Tholonet,
> J'ai de Sainte-Victoire accompli l'escalade.

[1] *Le Livre d'un Père*, — au mot « Pèlerinage », pages 223 et suiv.

Et, parvenu sur les sommets, qui resteront chez lui comme une passion ; ainsi plus isolé . plus rapproché du céleste azur et de son idéal religieux, le jeune poète célébrait en de merveilleuses inspirations, Dieu se manifestant dans les grands spectacles de la nature.

C'est de la montagne de Ste-Victoire, près d'Aix, que doivent être datées, selon un des biographes de Victor de Laprade, M. Edmond Biré, deux de ses pièces : l'*Invocation sur la montagne*, et les *Adieux à la montagne*.

Quelque critique, peu équitable, pourra un jour taxer Victor de Laprade de naturalisme. Vaine illusion : le poète fut un spiritualiste avéré, un chrétien convaincu, qui sut garder la foi pure et vive de sa sainte mère. Rien ne le prouve mieux que ces lignes de ses *Poèmes Evangéliques*, dans la pièce l'*Evangile des champs*.

> Oui, Nature, ton livre à l'impie est fermé :
> La foi seule y pénètre.
> Pour guider le regard sur ce texte animé,
> Il faut... le doigt du Maître.

Les premiers essais de l'étudiant en Droit, à Aix, firent pressentir ses grandes œuvres.

Nous sommes en Provence; et je songe à cette réflexion d'un jeune philosophe Aixois, qui eut, comme Victor de Laprade, le don précoce des hautes pensées : « Les feux de l'aurore, a écrit Vauvenargues, les premiers jours de printemps ont moins de grâce que la muse naissante d'un jeune et grand poète. »

C'est à vingt-neuf ans que l'avocat réfractaire du Barreau de Lyon écrivit *Psyché*, ce poème de cinq mille vers qui captiva si vivement la littérature en 1841.

Victor de Laprade, fit, comme son père, de fréquents séjours à Aix. Ce dernier, un savant distingué et très sympathique, professeur à l'Ecole de médecine de Lyon , et qui fut l'éducateur moral de son fils, mourut à Aix, en octobre 1860, chez son ami M. de Magnan, au château de la Sextia, près de notre ville. Les plus respectueux témoignages entourèrent son cercueil. Bien des fois, le fils vint apporter sur le tombeau du docteur Richard de Laprade, son père, ses larmes et ses prières. Il aime à le rappeler à ses enfants dans le *Livre d'un père*, qui renferme tant de retours attendris sur la bonne cité d'Aix :

Chez toi, chaque retour, ô terre fraternelle,
Se marquait pour mon cœur, d'une fête nouvelle.
Mais tu devais aussi m'apporter un grand deuil :
De nos heureux printemps l'image est effacée.
Et quand je te revois, je n'ai qu'une pensée :
Je demande mon père, et revois son cercueil !

. . ..

Ville du souvenir, tu m'es bien douce encore ;
Tu me tiens par l'attrait d'une sainte douleur. .

. . . .

J'accomplis dans tes murs comme un pélerinage ;
J'y revois, un par un, mille endroits consacrés.
Si vous voulez, Enfants, me rendre témoignage,
Si vous gardez mon culte et mon nom d'âge en âge ,
Vous aimerez ces lieux, et vous y reviendrez !

Dans son discours de réception à l'Académie française, en remplacement de Victor de Laprade, en 1884, F. Coppée se plait à rappeler que Gaszinski, à Aix, avait un *Album*. Il avait insisté pour que son camarade forézien y écrivit quelques strophes. « C'en était fait, ajoute F. Coppée ; le vase avait débordé : depuis ce jour, l'élève en Droit fit des vers. Mais, toujours modeste, il les faisait seulement pour lui, pour ses camarades, sans rêve de succès, ni de gloire. »

Cet *Album* est devenu aujourd'hui un document précieux. Gaszinski l'avait laissé, en mourant, à son ami Paul de Magnan. Puis, après le décès de celui-ci, l'*Album* allait échouer dans une librairie d'occasion, comme il arrive, hélas ! trop souvent, à nos recueils intimes de famille. Là, il a été recueilli par un érudit avisé. Grâce à une aimable obligeance, nous avons pu feuilleter ces pages d'*Album*, qui remontent à plus de soixante années. (1)

Nous y avons rencontré trois *Sonnets sur la ville d'Aix*, écrits, datés, signés de Victor de Laprade, en février 1835, alors qu'il était à sa troisième année de Droit. Ils ne figurent pas dans ses œuvres imprimées, ni dans les manuscrits de sa famille. Ses fils, à qui nous en avons donné copie, à Lyon, ne les connaissaient pas.

Nous allons vous lire ces trois sonnets, qui sont à peu près ignorés dans notre ville.

(1) L'*Album* Gaszinski appartient aujourd'hui à Mme la Vicomtesse d'Estienne de St-Jean, à Aix, que nous nous faisons un devoir de remercier ici, de cette intéressante communication.

Mais, auparavant, permettez-nous d'arrêter un instant votre attention sur quelques rapides détails, liés étroitement à l'objet même qui nous occupe : l'attachement inaltérable de Victor de Laprade à notre pays, et la part d'affectueux empressement qu'il a prise, en toute occasion, à ce qui nous intéressait.

Cet attachement, il faut le dire, a été partagé par un de ses amis les plus chers ; un autre poète, qui sera son confrère à l'Académie française, Joseph Autran, de Marseille, le chantre de la *Vie Rurale*, de la *Mer*, l'auteur de tant d'œuvres exquises.

A l'heure où Victor de Laprade était élu à l'Académie française comme successeur d'Alfred de Musset, en 1858 , Autran lui écrivait ces lignes: « En vous nommant, l'Académie a donné sa consécration à la poésie pure, à l'art austère et religieux, dans sa forme la plus délicate et la plus savante. »

Les félicitations à l'élu de l'Institut arrivaient, vives et empressées, de cette Provence où il comptait tant d'amitiés sérieuses et d'admirateurs de son talent. A l'un d'eux, ancien camarade de l'Ecole de Droit d'Aix, Hippolyte Maquan, du département du Var, écrivain habile et auteur de belles poésies au sentiment religieux, Victor de Laprade répondait le 31 mars 1858, par ces lignes attachantes : «... Si je vais dans le Midi cet automne, il faut que nous ayions , à Aix, un *Congrès d'amis*. Je vous préviendrai d'avance : J'ai pour Aix un *souvenir filial*: c'est là que j'ai fait mes premiers vers. Et peut-être n'en aurais-je jamais écrit un seul, sans ce soleil méridional qui a relevé ma santé, et ouvert mon esprit. » [1]

Pendant l'hiver qui suivit, en 1859 , le mauvais état de sa santé avait amené Victor de Laprade à Hyères. L'Académie du Var l'appela dans une séance solennelle, à Toulon, où il fut acceuilli par les plus vives sympathies. Il répondit à ces témoignages par la lecture d'une poésie que saluèrent d'enthousiastes applaudissements. Le poète parle *à la Provence*, si aimée de lui:

. . . .

> Chez toi , sous ton soleil, le long des chênes verts,
> Je sentis de mon cœur voler mes premiers vers.
> Chez toi, sur ces sommets qui surplombent la grève,
> Je veux planter ma tente.. au moins j'en fais le rêve ;
> Car, j'y devins poète, et presque ton enfant.

(1) Lettres communiquées par un érudit Provençal, M. Robert Reboul, dont les précieuses archives s'ouvrent si obligeamment à la littérature et à l'art.

Puis, il chante le paysage de la mer et des îles, qui se dessine près de la rive d'Hyères :

> La muse Ionienne est, chez toi, descendue :
> Elle vient me parler devant les Iles-d'Or.

L'image de Joseph Autran s'offre à sa pensée, dans ce cadre lumineux :

> Tu fis naître, pour moi, sur tes plages sereines,
> Ce frère harmonieux, aux splendides couleurs,
> Qui sait rendre à tes flots la voix de leurs sirènes,
> Et l'accent de Virgile à tes bruns laboureurs.

Et dans un vers se précise le mode cher à chacune des deux muses amies :

> « Moi, je dis les grands bois ; et lui, les blondes mers. »

Joseph Autran, ce frère en poésie de Victor de Laprade, va se trouver à côté de lui, dans des circonstances qui ne sont pas oubliées en notre ville, ni parmi les membres de notre Académie.

En 1874, à l'occasion des fêtes du 5e Centenaire de Pétrarque en Provence, de jeunes et érudits lettrés fondèrent à Aix une *Académie du Sonnet*, et en même temps un *Almanach du Sonnet*, ingénieuse création, qui devait servir, à la fois, d'organe à ses délibérations et de recueil à ses travaux.

L'*Almanach du Sonnet*, sous la direction zélée de notre collègue M. de Berluc-Perussis, avec le concours d'amis compétents parmi vous, a paru pendant quatre années, de 1874 à 1878[1]. Il restera, on peut le dire, comme un charmant écrin, renfermant, à la fois, des articles de savante critique littéraire et des poésies de maîtres, tels que le sonnettiste Joséphin Soulary, dont on aime à saluer le buste, en un gracieux square de verdure, dans la ville de Lyon.

Il faut le consigner ici : Victor de Laprade s'associa de tout son cœur à l'œuvre des lettrés Aixois, en même temps que ses deux amis intimes, Joseph Autran et Auguste Barbier, de Paris, le célèbre auteur des *Iambes satiriques*.

Les trois poètes, membres de l'Académie Française, furent élus, à Aix, *Présidents d'honneur* de l'*Académie du Sonnet*.

Tous trois envoyèrent des sonnets qu'on eut un grand plaisir à lire dans l'*Almanach* récemment fondé.

---

(1) Remondet-Aubin, éditeur à Aix.

De la correspondance qui s'échangea, à cette époque, entre M. de Berluc-Perussis et Victor de Laprade, nous voulons extraire quelques lignes où éclatent les tendres préoccupations du poète forézien, pour le bon renom littéraire de la ville d'Aix.

« Je suis heureux, écrit Victor de Laprade, de me rattacher à la Provence, et particulièrement à la ville d'Aix, où j'ai trouvé de si bonnes amitiés.

« ... J'accepte volontiers de collaborer à votre œuvre... Voilà que, grâce à vous et à l'*Académie du Sonnet*, Aix redevient une ville littéraire qui fait parler d'elle. Je vois avec bonheur que vous êtes un groupe de lettrés zélés, instruits, pleins de talent. Ne faites pas les choses à demi ; et, par tous les moyens possibles, refaites, de *notre chère ville*, une des capitales du Gay-savoir. Toulouse a un peu perdu de son éclat : voici que la Provence est mise au premier rang.. Qu'elle fasse marcher de front *sa poésie locale et la poésie française...* »

La recommandation était on ne peut plus judicieuse et sage :

Faisons des vers *provençaux*, qui seront toujours chers à la petite patrie.

Mais faisons aussi des vers *français* ; car, depuis plus de quatre siècles, et par le vote de nos députés aux Etats-Généraux de Provence en 1487, notre Pays s'est donné librement à la France, comme *Pays uni et non subalterné* ; et la France est, depuis plus de quatre siècles, notre grande patrie.

Je m'en voudrais, après avoir dit que chacun des trois membres de l'Académie Française, Présidents d'honneur de l'*Académie du Sonnet*, avait envoyé des poésies à l'*Almanach Aixois*, de ne pas mettre en relief ici, avec son cachet tout spécial, et de vif intérêt en notre temps, un sonnet de Joseph Autran, de Marseille, dédié *à la Ville d'Aix*.

Comme Victor de Laprade, il avait étudié en notre ville ; et, comme lui, il en gardait un souvenir doucement ému. Ecoutez-le : vous ne le regretterez pas.

A LA VILLE D'AIX

Je t'aime, ô ville d'Aix ; j'aime tes cours désertes,
Tes palais d'autrefois, aux murs silencieux ;
Tes fontaines dont l'eau rejaillit vers les cieux,
Et remplit tes bassins de mousse toujours verte.

Dans un vaste repos, savante, tu dissertes,
Tu transmets aux enfants le savoir des aïeux.
J'ai vu bien des Cités, je n'en connais pas, certes,
De plus chère à mon cœur, de plus douce à mes yeux.

Comment ne pas t'aimer ? Toute âme est sans défense
Contre les souvenirs de la première enfance :
C'est toi qui m'abreuvas du lait de tes leçons.

J'eus pour mère Marseille, au rivage propice.
Or, écoute ce mot d'un de tes nourrissons :
Presque autant que sa mère, on aime sa nourrice.

JOSEPH AUTRAN.

Et maintenant, puisse notre hommage à la mémoire du poète marseillais parvenir près de cette tombe où il a voulu reposer, et où le 17 mars 1878, son fidèle ami, Victor de Laprade, accompagnait ses restes ; dans ce beau domaine de la Malle, sur la route de Marseille à Aix. Nos sentiments y seront accueillis par la digne fille et par le gendre de Joseph Autran, M. Jacques Normand, un poète de noble cœur, comme son beau-père, et d'un talent partout applaudi [1].

Nous arrivons à cet *Album* de Gaszinski, dont il a été parlé à l'Académie Française, et qui appartient, dès lors, à l'histoire de l'Art dans notre ville d'Aix.

Beaucoup des pages de cette collection sont de chaleureux hommages à la malheureuse Pologne, écrits à Aix en 1834 et 1835. Victor de Laprade y figure avec un sonnet particulier à Constantin Gaszinski, de janvier 1835, sous ce titre : *Aux Exilés Polonais*.

Puis, c'est un ensemble de poésies, de genres très divers, contenant, tantôt des aspirations libérales, ou des fantaisies artistiques ; tantôt de tendres émotions de jeunes cœurs aimants, toujours correctes et courtoises. Ces nombreuses poésies sont signées, notamment, des noms ci-après :

Emile Rigaud, qui sera premier président de la Cour d'Aix ; Nogent-St-Laurent, qui comptera au Barreau de Paris parmi les avocats les plus habiles et les plus lettrés ; Scipion du Roure ; Hippolyte Maquan ; Pierre Enjalric ; H. Gardon ; de Barrès ; Peirot ; Boitel ; Tisseur ; Gaufrédi ; Mme Louise Collet, née

---

(1) M. Jacques Normand vient de publier, chez Lemerre, un livre ravissant, *Soleil d'hiver*, avec le sous-titre *Notes d'un Parisien en Provence.*

Révoil, un gracieux poète de notre contrée, qui eut ses heures de renom ; Elzéar Pin, ami intime de Victor de Laprade, qui publia, en 1839, un volume très apprécié : *Poèmes et Sonnets* ; Minghetti, qui sera un personnage politique notable en Piémont.

J'oublie d'autres noms sans doute. Mais on peut apprécier, par ce concours empressé autour de Constantin Gaszinski, en quelle affectueuse estime était tenu, par tous, le noble Polonais qui faisait de notre ville sa patrie d'adoption, et qui s'occupa, avec un sens éclairé, de nos intérêts locaux dans le journal le *Mémorial d'Aix*, que M. Aubin fondait en 1837, et dont Gaszinski sera longtemps le rédacteur principal [1].

Ajoutons que Paul de Magnan avait rattaché à l'*Album* de Gaszinski, quand il le posséda, quelques pages, au tour facile et d'une religieuse élévation, que lui avait dédiées son ami Victor de Laprade, et écrites de sa main. Elles ont pour titre : *Aimez et priez*, et elles portent la date de 1835 ; nous en rappelons cette belle et gracieuse pensée :

> Dieu ne commande pas de sonder les abîmes ;
> D'enrichir notre orgueil de sciences sublimes ;
> Mais il nous dit : Aimez !

Voici enfin les trois sonnets sur la *Ville d'Aix*, fantaisie primesautière où se révèle le talent du poète avec un original reflet des idées et des choses de son temps, en notre ancienne Capitale :

AIX

I

> Si vous entrez, le soir, dans Aix la Provençale,
> En venant d'Avignon, cité pontificale,
> Où Rome nous laissa, pour marquer son séjour,
> Des bras prompts au poignard, des cœurs chauds à l'amour ;
>
> Quand vous touchez au Cours, où jaillit l'eau thermale.
> Regardez ! Vous verrez une croix colossale,
> Qui se dessine en ombre, aux feux tombants du jour,
> Et quelques fronts blanchis prosternés à l'entour.

[1] Le *Mémorial d'Aix* publia, de 1839 à 1843, plusieurs des poésies nouvelles de Victor de Laprade, ainsi que diverses œuvres en prose du poète forézien.

Puis, devant le Sauveur, dont la tête immobile,
Comme pour la bénir, se penche sur la ville,
Un *Mai Républicain* que l'espoir a planté.

Et certes, vous avez l'âme vile et frivole,
Si vous n'admirez pas, comme un riche symbole,
Surgir, aux pieds du Christ, l'Arbre de Liberté.

II

Aix, si fière autrefois, maintenant ignorée,
Prétoire de Marseille et de son port de mer ;
Aix, qui dort au soleil, de paresse enivrée,
Aix, sans ombre l'été ; mais sans brouillards, l'hiver.

Aix, où les morts s'en vont, la figure livrée
Aux regards des passants, dans un cercueil ouvert ;
J'aime à voir s'élancer dans la voûte azurée
La flèche de Saint Jean, avec sa croix de fer.

J'aime ton Saint-Sauveur, ses ogives mêlées
Au plein cintre roman ; ses portes ciselées ;
Sa tour dont la lumière inonde le sommet.

Et, près d'une façade encore inachevée,
Sur ses quatre lions, ton aiguille élevée
Où pose un aigle blanc sculpté par le Puget (1)

III

Aix, palais des Consuls, où les vierges romaines
Venaient s'épanouir sous de tièdes fontaines ;
Aix, où les Troubadours invitaient de leurs voix,
Les dames au plaisir, et les preux aux tournois.

Aix, où du bon René les histoires sont pleines ;
Aix, altière commune, où des Cours souveraines,
Chères à la Provence, et protégeant ses droits,
Brisaient de leurs arrêts les volontés des Rois ;

(1) Il y a ici une erreur, bien pardonnable, de l'Etudiant : l'aigle en marbre blanc qui surmonte l'obélisque de la fontaine, devant l'Eglise de la Madeleine, n'est pas de Puget, mais de Chastel, un artiste Aixois, à qui on doit de belles œuvres dans notre ville, notamment la Vierge de l'Annonciation, sur l'autel de la chapelle de ce nom, dans la nef latérale droite de cette Eglise : Tout artiste de passage va visiter cette œuvre remarquable à La Madeleine.

Tu n'as plus les faisceaux, la couronne comtale,
La harpe résonnant sous une main royale,
Le doux servant d'amour, d'une écharpe entouré ;

Le rouge Parlement que l'hermine décore :
Tu n'as plus tout cela !..... mais il te reste encore
Tes filles aux yeux noirs, et ton beau ciel doré.

Aix, février 1835.

Victor DE LAPRADE.

Ainsi préludait, à Aix, à son glorieux avenir de poète, le jeune étudiant de notre Faculté de Droit, alors à sa vingt-deuxième année.

Je ne saurais mieux faire, en terminant, que de rappeler quelques lignes, très applaudies, par lesquelles se terminait le discours de réception de F. Coppée, comme successeur de Victor de Laprade, à l'Académie française.

« J'ai accompli mon pieux devoir, disait-il à la docte Assemblée, j'ai essayé de retracer, devant vous, la vie et l'œuvre d'un poète qui a suivi la route de l'Art, les yeux toujours fixés, comme le berger de l'Ecriture, sur l'étoile de l'*Idéal ;* d'un poète *qui serait au premier rang* s'il n'était pas né dans un siècle qui a donné à la France Alfred de Musset, Lamartine et Victor Hugo. »

Je dirai plus modestement ici :

Nous devions l'hommage du souvenir au poète qui voua à notre ville d'Aix une affection que lui-même a appelée filiale.

Ce souvenir, pouvions-nous mieux le raviver qu'en rappelant ce que Victor de Laprade se plaisait à proclamer : c'est à notre ciel provençal qu'il a dû sa vocation poétique ; c'est sous ses tièdes effluves que sont éclos, comme de souriantes fleurs, ses premiers vers pleins de promesses.

Ce gracieux témoignage du poète nous reste ; et, par lui, revivra, parmi nous, une noble figure d'homme d'honneur, de foi, de patriotisme, et de vertus familiales dans ce qu'elles ont de plus intime et de plus touchant.

Nous avons dit combien il était heureux de séjourner dans nos contrées.

Depuis 1878, jusques à 1883, année où il est mort, Victor de Laprade venait régulièrement passer l'hiver, soit à Hyères, soit surtout à Cannes.

A Cannes, à Grasse, à Antibes, à Nice, tout comme à Hyères et à Toulon, l'ancien député de Lyon, le poète estimé, était partout salué avec le plus sympathique respect. Et lui-même se plaisait à louer ces rives heureuses, où il trouvait le bien-être, et sûrement aussi de belles inspirations que nous admirons dans ses livres.

Au commencement de l'année 1882, Victor de Laprade était à Cannes à la *Pension Augusta*, avec sa sœur, Mlle Elisabeth de Laprade, une sainte fille qui ne le quittait jamais et à qui il a consacré des vers émus dans ses *Poèmes Evangéliques*. Il avait aussi, près de lui, un de ses fils.

Pendant une crise grave, amenée par une bronchite, le poète crut sa vie en danger et il appela sa famille autour de lui. Il se prépara sérieusement à une fin chrétienne, au milieu de la tendresse de tous les siens, qu'il édifiait par sa fermeté pieuse.

Le comte de Paris, qui était en séjour à Cannes, alla le visiter plusieurs fois. Il lui amena son fils, le duc d'Orléans. Emu jusqu'aux larmes, le malade dit au prince : « Monseigneur, permettez-moi, en ma qualité de vieillard et de mourant, de bénir votre fils. » Et il étendit ses deux mains tremblantes sur la tête de l'enfant. M. Edmond Biré. qui relate ce souvenir, dit que Victor de Laprade avait ajouté : « Si Dieu me montre cet enfant à mon lit de mort, c'est que cet enfant règnera. »

Quand, à la fin de mai 1882, le convalescent était ramené de Cannes à Lyon, on s'empressait autour de lui, à l'heure du départ, avec des vœux sincères, et avec l'espoir de son retour à la saison suivante.

Mais il était écrit que Victor de Laprade ne reverrait plus cette Provence qu'il aimait ! Il avait perdu, récemment, à Nice, son excellent ami, Auguste Barbier, et il emportait des pressentiments attristés pour lui-même.

Dans les derniers mois de 1883, son état s'aggrava, à son château du Perrey, près de Montbrison. Ramené à Lyon, sur son désir, il s'éteignit, admirable de sérénité et de résignation, au milieu de sa famille éplorée.

Aux sympathiques témoignages qui entourèrent son cercueil, firent écho les affectueux regrets des amis de Provence.

Nos cœurs saluent aujourd'hui, dans l'Académie d'Aix, cette glorieuse et chère mémoire.

GRASSE, CROSNIER FILS, IMPRIMEUR